Michael G. Herr

Wundersames Du

66 Reflexionen,
die mein Leben lebenswerter machen

Impressum

Bibliografische Information der Deutschen Nationalbibliothek:
Die Deutsche Nationalbibliothek verzeichnet diese Publikation
in der Deutschen Nationalbibliografie; detaillierte bibliografische
Daten sind im Internet über dnb.dnb.de abrufbar.

Die automatisierte Analyse des Werkes, um daraus Informationen
insbesondere über Muster, Trends und Korrelationen gemäß §44b
UrhG („Text und Data Mining") zu gewinnen, ist untersagt.

Verlag: BoD · Books on Demand GmbH,

     In de Tarpen 42, 22848 Norderstedt

Druck: Libri Plureos GmbH, Friedensallee 273, 22763 Hamburg

ISBN: 978-3-7583-3984-4

Inhaltsverzeichnis

I. Vorwort 6
II. Reflexionen
1. Wunderkraft 8
2. Tod eines Freundes 10
3. Bilderbuch 12
4. (K)eine Liebesgeschichte 14
5. Augenscheinlich 16
6. Kennst Du das 18
7. Weg 20
8. Herz 22
9. Warten 24
10. Taktlos 26
11. Verdauung 28
12. Feindesland 30
13. Überbreite 32
14. Heimgehen 34
15. Erlösung 36
16. Übersehen 38
17. Versteck 40
18. Ritual 42
19. Menschenparadox 44
20. Regen 46
21. Erkenntnisgewinn 48
22. Imagination 50
23. Marsch durch die Instanzen ... 52
24. Sexualität 54
25. Erde 56
26. Wahrheit 58
27. Liebe 60
28. Kreislauf 62
29. Egoismus 64
30. Falsche Vorstellung 66
31. Opferrolle 68
32. Tränenstreik 70
33. Schade 72
34. Softwareproblem 74
35. Zeuge 76
36. Ohne Worte 78
37. Schicksal 80
38. Mannes-Liebe 82
39. Bester Freund 84
40. Persönliches Drama 86
41. Glücksfall 88
42. Lebensmeister 90
43. Höflichkeitsfloskel 92
44. Fütterung 94
45. Schulbank 96
46. Neugierde 98
47. Experimentator 100
48. Password 102
49. Vergesslichkeit 104
50. Fragezeichen 106
51. Zeitenspiel 108
52. Beziehungsfragen 110
53. Ansteckungsgefahr 112
54. Bettgeschichte 114
55. Nebelfahrt 116
56. Zeitverzögerung 118
57. Entscheidungsfreude 120
58. Unvernunft 122
59. Gehirnjogging 124
60. Alien 126
61. Notwendigkeit 128
62. Lebenskünstler 130
63. Über sieben Brücken 132
64. Fressen und gefressen werden . 134
65. Andersrum 136
66. Sechsundsechzig Jahre 138
III. Nachwort 140

I. Vorwort

Es findet ein spirituelles Erwachen der Menschen statt, so zumindest ist meine persönliche Erfahrung.

Immer mehr Frauen und Männer sehnen sich danach, Zufriedenheit zu verspüren. Sie sind des alltäglichen Überflusses unserer Wohlstandsgesellschaft in seiner schädlichen Oberflächlichkeit und des Werteverfalls im Miteinander überdrüssig. Sie streben nach Veränderung und suchen Halt in einer Welt, die augenscheinlich ins Wanken geraten ist.

Doch der Wandel beginnt für jeden bei sich selbst!

Ich wollte den ausgetreten Pfad meiner Lebensweise, der mich gefühlt immer mehr in eine seelenlose Wüste führte, verlassen und glaubte, meinen inneren Frieden bei der Kraft zu finden von der ich annahm, dass sie allem Lebendigen zugrunde liegt. Ich wusste nicht, wie ich sie erreichen kann. So fing ich an zu ihr zu beten, so wie ich es bisher zu Gott getan hatte.

Der Begriff Gott war mir zu abgegriffen, zu wenig geworden. Um ganz zu sein vermisste ich darin den weiblichen Aspekt. Daher gab ich dieser Wunderkraft zunächst den Namen „Vater und Mutter Mein, Du wundersames Du". Im Laufe der Zeit nannte ich sie nur noch „Du wundersames Du", und nachdem ich sehr vertraut mit ihr geworden war „Mein WuDu".

Weil ich nirgends die passenden Gebete fand, fing ich an, meine Gedanken in – ich nenne es „Reflexionen" – auszudrücken. Den Impuls gaben dabei sowohl meine eigenen

Lebenserfahrungen als auch die anderer Menschen, von denen ich weiß und die mich berühren. Mit der Affirmation „So ist es" am Ende meiner Ansprache unterstreiche ich die Bedeutsamkeit der laut oder in Gedanken gesprochenen Worte.

66 Schritte dauert es nach wissenschaftlichen Erkenntnissen, bis man sich eine neue Gewohnheit zugelegt bzw. eine alte abgelegt hat.

Bald kam ich mir auf diese Weise selbst näher und die anfängliche Einsamkeit, die ich auf diesem Weg verspürte, zog sich behutsam zurück. Nachdem ich sechsundsechzigmal auf diese Weise mein Schatzkästchen gefüllt hatte, spürte ich mich der Wunderkraft so nahe wie noch nie.

Die weibliche Leserin möge sich von meinen Reflexionen genauso angesprochen fühlen wie jeder Leser, gleich welchen Geschlechts, welcher Nation oder welcher Glaubensrichtung.

Im Mittelpunkt stehen:

Er, der gesprächsbedürftige Sohn und sie, die schweigsame Wunderkraft.

Wunderkraft

Er macht sich auf den Weg,

der Wunderkraft näher zu kommen.

Meditieren fällt ihm schwer,

das Beten aber ist ihm aus Kindheitstagen vertraut.

Mit seiner Religion und dem Vaterunser

hat er ein Verständnisproblem.

So fängt er an,

sich mit eigenen Worten an die Wunderkraft zu wenden.

Vater und Mutter Mein – Du wundersames Du

Ich verehre und liebe Dich.

Deine Allmacht und Energie sind in mir und um mich herum.

Du leitest meinen Weg und gibst mir alles was ich brauche.

Bei Dir kann ich Ich sein.

Ich fühle mich mit Allem in Harmonie verbunden

und will bei dem was ich tue dem Gefühl des Herzens,

gepaart mit dem Verstand folgen.

Ich spüre Frieden mit den dunklen Mächten in mir

und Deine allgegenwärtige Geborgenheit.

Ich bin glücklich, ein Teil von Dir zu sein.

So ist es

Tod eines Freundes

Er träumt, dass er an einem See sitzt.

Dort trifft er seinen Freund.

Sonst am Rollstuhl gefesselt,

ist dieser heute jedoch ohne sichtbares körperliches Leid

und besonders freudig gestimmt.

Er berichtet, dass er gleich eine große Reise antritt.

Dann steigt er munter in ein Boot und segelt davon.

Am anderen Morgen erfährt er,

dass sein Freund in dieser Nacht gestorben ist.

Vater und Mutter Mein – Du wundersames Du

Wie Du weißt, war er immer für mich und andere da,

wenn man ihn brauchte.

Obwohl er selbst eine große Last zu tragen hatte,

war er stark genug, zu geben.

Jetzt hat er sich freudig aufgemacht, selbst zu empfangen.

Deine Liebe und Güte werden ihn erstrahlen lassen.

Als Stern wird mir sein Licht Zuversicht

und tiefe Verbundenheit senden,

mit Dir, meine Wunderkraft und mit Dir, mein Freund.

Ich freue mich darauf,

irgendwann bei euch zu sein.

So ist es

Bilderbuch

Er wundert sich über seine kindliche Sicht,

wenn er mit der Wunderkraft spricht.

In all den Jahren hat er aus seinen Gebeten zu Gott gelernt,

um mit ihr reden zu können, erfordert es Bilder

und anschauliche Vergleiche.

Nur so kann er sein Herz an ihr festmachen.

Vater und Mutter Mein – Du wundersames Du

Ich weiß, dass Du keine Hände hast

und dennoch lege ich mich in sie hinein.

Ich weiß, dass über den Wolken nicht Dein Reich kommt

und dennoch bist Du meine Kraft im Himmel.

Ich kann Dich nicht sehen, aber wenn ich mit Dir spreche,

trete ich in Dein Energiefeld ein.

Es ist nicht nötig, dass ich lange mit Dir rede.

Du weißt, was ich brauche.

In Deiner Aura brauche ich mich nicht zu bewähren.

Es bedarf keines Glaubensbekenntnisses, sondern nur Vertrauen.

Du bist Vater und Mutter, Himmel und Erde,

Luft und Brot zugleich, ein einzigartiges Bilderbuch.

Ich blättere mit Freuden jeden Tag darin.

So ist es

(K)eine Liebesgeschichte

Ein Kind kommt nicht zufällig auf die Welt

und es ist nicht gleichgültig,

ob es da ist oder nicht.

Ob es einer Liebesgeschichte entstammt,

ist seiner Erfahrung nach lebensprägend.

Vater und Mutter Mein – Du wundersames Du

Ob meine Urgroßväter und Urgroßmütter einander liebten

und darum meine Großmütter und Großväter auf die Welt kamen,

ist mir verborgen geblieben, nur Du weißt es.

Ob es zwischen meinen Großvätern und Großmüttern

eine Liebesgeschichte gab, blieb mir ebenso verborgen.

Es bist nur Du, der auch das weiß.

Nur Du weißt auch, warum meine Mutter und mein Vater

auf die Welt gekommen sind.

Allein die beiden wissen, ob sie eine Liebesgeschichte

miteinander erleben, aber ich kam auf die Welt.

Jetzt bin ich schon eine Zeitlang da

und habe eine Liebesgeschichte mit Dir.

So ist es

Augenscheinlich

Er hat sich die Liebe zu einer Frau erarbeitet,

der Weg war steinig.

Als er sich am Ziel wähnt, zerbricht die Liebe.

Er hat nicht gemerkt,

dass er alleine unterwegs war.

Vater und Mutter Mein – Du wundersames Du

Wie Du weißt, war jene Frau in meinem Liebesleben

augenscheinlich auf dem Rückzug.

Scheinbar blieb nur mir, nicht Dir das verborgen.

Augenscheinlich fühlte ich eine wachsende Zuneigung

zu einem Menschen, der sich scheinbar

immer weiter von mir entfernte.

Augenscheinlich passten wir nicht zusammen,

denn die Beziehung fand ein unrühmliches Ende.

Scheinbar hast Du das erkannt und mich behütet

durch das Tal danach geführt.

Augenscheinlich ist die Liebe zwischen Mann und Frau,

weil Menschenwerk, eine Illusion.

Tatsächlich ist nur die Liebe zu Dir das,

worin wir aufgehen können.

So ist es

Kennst Du das

Verbunden mit der Wunderkraft zu sein

und sich dennoch unglaublich frei dabei zu fühlen,

ein Widerspruch der zu schön klingt,

um wahr zu sein

und doch ist dieses Befinden

für ihn erreichbar gewesen.

Vater und Mutter Mein – Du wundersames Du

Oh ja, Du kennst das?

Der Vogel, dem der Himmel zu gehören scheint, kennt das auch,

so wie der Fisch im Meer, der nicht zu wissen braucht,

dass es irgendwo zu Ende ist.

Jetzt kenn ich es auch, das Gefühl frei zu sein.

Frei zu sein von den eigenen Moralvorstellungen und Konventionen.

Frei zu sein von der Angst, für dieses Eingeständnis

von anderen Menschen, ja was eigentlich?

Geächtet, gemieden, verstoßen oder ins Abseits gestellt zu werden?

Oder vielleicht doch, wenn auch nur im Verborgenen,

bewundert, verehrt oder wertgeschätzt zu werden?

Es ist doch egal, es geht mir dabei gut, mich frei zu fühlen.

Ich habe lange dafür gebraucht und wundere mich

eigentlich jetzt nur noch, warum das Gefühl,

mit Dir ganz eng verbunden zu sein,

mich dieser Freiheit nicht beraubt.

So ist es

Weg

Er lebt ein Leben ohne Stillstand
und ist beständig auf der Wanderschaft,
von hier nach dort, von außen nach innen.

Vater und Mutter Mein – Du wundersames Du

Wie Du weißt, wollte ich als Kind so werden,

wie die Großen alle waren. Als ich groß war,

merkte ich, dass sie alle anders waren.

So fing ich an durchs Leben zu wandern.

Von Frau zu Frau, von Ort zu Ort, bergauf und bergab.

Menschen kamen, Menschen gingen in meinem Leben,

so wie auch die Freude und das Leid.

Als ich schon weit gegangen war und mein Körper und Geist

müde wurden, regte sich meine Seele.

Sie fing an, mir von Achtsamkeit, Demut, Güte,

Mitgefühl und Liebe zu erzählen.

Bald merkte ich, dass Du es warst, der zu mir sprach.

Jetzt sagst Du mir, mache dich auf

und berichte vielen Menschen davon. So gehe ich weiter,

das letzte Stück Weg meines Lebens und erzähle.

Meine Ängste, dies zu tun, hast Du mir genommen

und ich fühle mich frei und schreite energiegeladen voran.

Je weiter ich gehe, desto bewusster

spüre ich die Schönheit des Lebens.

So ist es

Herz

Er macht die traurige Erfahrung,

dass der Weg des Herzens

nicht unbedingt der erfolgversprechende Weg ist.

Vater und Mutter Mein – Du wundersames Du

Es waren die Töne des Herzens meiner Mutter,

die ich als erstes in ihrem Bauch hörte,

aber davon weiß ich nichts mehr.

Wann ich zum ersten Mal mein eigenes Herz spürte,

weiß ich auch nicht mehr.

Was ich weiß ist, dass sich das Herz einer geliebten

aber für mich unerreichbaren Frau nicht ohne weiteres

mit meinem vereint, selbst wenn ich mir vornehme,

dem Weg meines Herzens zu folgen.

So ist es

Warten

Er ist sein Leben lang sehr ungeduldig.

Jetzt ist die Zeit seine Verbündete.

Vater und Mutter Mein – Du wundersames Du

Wie Du weißt, erlebte ich als Kind Vorfreude

auf ein festliches Ereignis und spürte die Spannkraft,

die aus dem Vorbereiten und dem Warten kommt.

Als ich das Kind verließ, tauchte ich ein in eine Welt,

die nicht mehr vorbereiten und abwarten kann.

Da umfingst Du mein kleines Leben mit Deiner Energie

und begannst mich zu lehren: Alles hat seine Zeit.

Ich verstand: Die Stufen meiner Entwicklung müssen ausgelebt,

durchgestanden und durchgewartet werden.

Heute ist mein Leben farbig und schön

und ich kann warten, ausreifen und die Zeit aushalten,

bis ich erfüllt bei Dir ankomme.

So ist es

Taktlos

Dort wo er lebt hat er das Gefühl, einsam wie er ist,

dahin zurückkehren zu müssen,

wo das Wasser fließt, welches er in seiner Kindheit trank.

Als er dort ankommt, stellt er fest,

dass es überall Menschen gibt,

die einander nicht beachten.

Vater und Mutter Mein – Du wundersames Du

Wie du weißt, suchte ich am Anfang meines Altwerdens

Zugehörigkeit und Gemeinschaft.

Ich glaubte, dies in meiner Heimat zu finden, kehrte zurück

und ging dahin, wo Menschen gemeinsam singen.

Sie sangen wunderschön und brachten Dein Haus zum Erleuchten,

während in mir – der mit ihnen sang – langsam etwas erlosch.

Sie beherrschten die Partitur der Noten und es sind nur wenige,

die daneben tönten. Schon mehr sind es, die den Takt des

brüderlichen und schwesterlichen Miteinander nicht fanden.

Bald wird Dein Haus mit ihren Stimmen wieder zum Leuchten

gebracht, allerdings ohne mich.

Ich bin dann dort, in einem anderen zu Deinen Ehren gebauten Haus,

wo andere weniger strahlend gemeinsam in einem Chor singen,

aber ihr Mitgefühl füreinander erleuchtend ist.

Irgendwann singen wir alle gemeinsam

und im Takt in Deinem Engelschor, so wie es sein soll.

So ist es

Verdauung

Die Seelennahrung

ist für ihn die wertvollste Kost.

Vater und Mutter Mein – Du wundersames Du

Jeden Tag aufs Neue schenkst Du mir eine gute Verdauung

und sorgst dafür, dass ich etwas zum Verdauen habe.

So ist mein Leib gesund, nur meine Seele verschluckt sich

ab und zu an der vorgesetzten Kost.

Dann öffnest Du mir die Sinne und ich erkenne, was gut

und rein ist, um sie wieder in Ordnung zu bringen.

So verstehe ich langsam etwas mehr vom Leben

und spüre Zufriedenheit, wenn ich anderen davon erzähle.

So ist es

Feindesland

In ihm sind Territorien abgesteckt
und das Übertreten der Grenzen ist nicht folgenlos.
Alle haben ihre Berechtigung, jenes,
welches den Namen Seele trägt,
ist das Wichtigste.

Vater und Mutter Mein – Du wundersames Du

Wie Du weißt, fiel es mir schwer, meine Gedanken

und mein Verlangen zu beherrschen,

wenn mich eine Sinnenfreude erregte.

Dann unterlag ich oft der Versuchung.

Hatte sich mein Geist infiziert, war er nicht mehr in der Lage,

den Unterschied zwischen seinem eigenen Glück

und der Sinnenlust zu verstehen.

Als Sklave meiner Sinne litt ich unter Enttäuschung

und Unzufriedenheit, weil ich mein Glück in einem

fremden Territorium suchte, das für meine Seele Feindesland war.

Du lehrtest mich, meinen Geist und meine Energie

von den Sinnen zurückzuziehen,

mich auf die wahren Freuden zu konzentrieren,

die ich in meinem Innern, in meiner Seele finde.

Heute erscheinen mir die Sinnenfreuden oft befremdend und fad.

So ist es

Überbreite

Er nimmt sich vor,

rechtzeitig die Überholspur zu verlassen

und in die Ausfahrt,

die zur Seele führt, einzubiegen.

Vater und Mutter Mein – Du wundersames Du

Wenn sich mein Ich zu breit in mir macht,

lässt Du mich spüren, was für mich

und mein Leben wichtig ist.

Dann schäme ich mich und denke: Ach, könnte ich

doch ein bisschen weiser in meinem Herzen sein,

damit mein von Sinnenfreuden beherrschtes Ego

eigenständig von der Überholspur fährt

und in die Straße einbiegt,

die zum Paradies der Seele führt.

So ist es

Heimgehen

Authentisch sein

ist für ihn der einzig gangbare Weg,

auch wenn es mit Weh verbunden ist.

Vater und Mutter Mein – Du wundersames Du

Wenn ich oder sie mit unseren Worten oder Tun

einander oder anderen den Anschein geben,

wir gingen den Weg gemeinsam.

Wenn ich oder sie mit unseren Gedanken und Sehnsüchten

einander oder anderen verschweigen,

dass wir insgeheim fremde Wege gehen.

Dann ist es an der Zeit, dass wir uns trennen

und alleine auf den Weg zu Dir zu machen,

um Deine Liebe aufzuspüren.

So ist es

Erlösung

Er weiß, dass dieser Augenblick irgendwann kommt
und verdrängt ihn bis zu dem Tag,
an dem es nicht mehr geht.

Vater und Mutter Mein – Du wundersames Du

Wie Du weißt, ist Bobby sehr alt.

Von Tag zu Tag wird er weniger und seine Augen immer trauriger.

Selbst seinen Lieblingsspaziergang bewältigt er nur noch schleppend.

Trifft er dabei auf Sam, seinen greisen und besten Freund,

ist von seiner einstigen Ungestümheit und Lebenskraft

nur noch ein Schatten zu erkennen.

Man sagt mir, wenn die Schmerzen kommen,

solle ich mich darauf einstellen,

dass die Zeit für ihn gekommen ist, zu gehen.

Bei seinem Einschlafen werde ich bei ihm sein

und ihn mit meiner Liebe aus dieser Welt verabschieden.

Dieser Gedanke gibt mir Kraft,

die Kraft, die ich für die Entscheidung,

ihn erlösen zu lassen, brauchen werde.

Danach werde ich mich Geborgenheit suchend in Deine Hände legen

und um meinen Hundefreund erlösend weinen.

So ist es

Übersehen

Wenn er aufmerksam beobachtet,

entdeckt er die erstaunlichsten Dinge,

oftmals auch nur aus Zufall, obwohl:

Zufälle gibt es nicht.

Vater und Mutter Mein – Du wundersames Du

Mitternacht, das im Mondlicht silberglänzende Wasser des Flusses

versenkt sich in meinen Augen. Ein stetiger Strom,

der stur in eine Richtung fließt.

Am anderen Ufer Lichter einer Kleinstadt.

Jedes Mal verändert, wenn ich hier stehe und hinüberschaue.

Die helle Wasseroberfläche wieder in meinem Blick,

auf einmal ein Gedankenblitz.

Der Fluss ist ein anderer! Er hat seinen Körper ausgetauscht

und tut es schon wieder, schnell und unaufhörlich,

Wasser kommt, Wasser geht.

Dies geschah, während ich über das sich behäbig wechselnde Gesicht

der menschlichen Behausung sinnierte.

Lässt Du mich die wirklich großen Veränderungen im Leben

nicht wahrnehmen? Warum?

Was blieb mir noch alles verborgen?

Mich schaudert, ich blicke wieder

auf den stoisch fließenden, silbern blitzenden Strom

und sehe Dein lächelndes Antlitz in den Wellen verborgen.

Ich lächle zurück und bin stolz, Dir ein Geheimnis entlockt zu haben.

So ist es

Versteck

Er ist als Suchender gut beraten,
keinen Raum bei seiner Suche auszusparen.

Vater und Mutter Mein – Du wundersames Du

Das Blau des Himmels und der Regen, der Sonnenschein

und der Mond, Sterne und Galaxien.

So sehen meine Augen den Raum, in dem ich Dich vermute.

Das Rot des Blutes und die Gehirnströme,

das Glücksempfinden und das Herz, Zellen und Atome.

So erklärt mein Verstand den Raum in mir,

in dem ich Dich nicht vermute.

Und doch bist Du gerade dort.

So ist es

Ritual

Gewohnheiten bringen seit jeher Stabilität in sein Leben.

So ritualisiert er Dinge, die ihm guttun.

Vater und Mutter Mein – Du wundersames Du

Ich rufe Dich vor dem Aufstehen an,

weil Du mein erstes Wort haben sollst.

In Dir finde ich meine Kraft für den Tag,

um in einer Welt zu leben, ohne ihr ganz anzugehören,

um mit Menschen in einer Stadt zu leben,

ohne ein Gebürtiger zu sein.

Ich wende mich vor dem Schlafengehen wieder an Dich,

weil Du mein letztes Wort haben sollst.

Dann danke ich für alles Erlebte.

Du kannst Dich auch morgen zum Aufstehen auf mich verlassen.

So ist es

Menschenparadox

Was er macht und denkt ist oft von Widersprüchlichkeiten geprägt.
Aufmerksame Wahrnehmung und gute Gedanken
sind der Schlüssel für seine Selbstwerdung.

Vater und Mutter Mein – Du wundersames Du

Mein Tun und Denken sind nicht immer von Lauterkeit geprägt

und doch liegt ganz oft Liebe und guter Vorsatz im Innern verborgen.

Du zeigst Dich mir in keinem Ding

und doch sehe ich Dich in jedem Ding.

Meine Kinder sehen in mir ihren leiblichen Vater

und ich stelle mir unter Vater einen Körperlosen im Himmel vor.

Ich liebe jemand und schlafe mit jemand andern.

Ich schlafe mit jemand und denke dabei an jemand andern.

Ich gehe zum Beten in die Kirche

aber lebe nicht im kirchlichen Glauben.

Im Stau auf der Autobahn meldet der Verkehrsfunk

einen Zeitverlust von 1 ½ Stunden. Was für einen Zeitverlust,

wenn ich doch gerade in dieser Zeit der Entschleunigung

inneren Zugang zu Dir gewinne?

Ich jubele über heißes, nicht endend wollendes Badewetter

und sehe nicht, wie die Fische verzweifelt luftschnappend

aus dem Wasser springen.

Schenke mir einen klaren Blick und gute Gedanken,

denn sie sind die Anstifter aller Taten.

So ist es

Regen

Er hat seit Jahren ein ungutes Gefühl,

was den Umgang des Menschen

mit der Natur betrifft.

Vater und Mutter Mein – Du wundersames Du

Die Jahre gehen dahin, seit Du uns Menschen schufst.

Du schenkst uns Quellen, aus denen Wasser fließt.

Bäume, die Früchte tragen.

Einen Himmel, an dem die Sonne scheint.

Körper, die sehen können.

Bücher mit weisen Worten.

Für Geschenke soll man dankbar sein.

Jetzt sind unsere Felder ohne Regen.

So ist es

Erkenntnisgewinn

Er hat bemerkt,

dass man oftmals das Hintergründige nicht sehen,

wahrnehmen kann und doch ist gerade

das so bedeutsam.

Vater und Mutter Mein – Du wundersames Du

Wie Staubteilchen im Luftstrom des geöffneten Fensters tänzeln

und dennoch im Raum gefangen sind.

Wie ein ängstlicher Vogel, in Panik vor der Katze fliehend,

gegen die Fensterscheibe fliegt,

weil er sich dahinter in Sicherheit wähnt.

Wie Wale stranden, um ihre Reise an Land fortzusetzen,

weil sie sich um ein paar Millionen Jahre vertan haben.

Wie ein Esel stöhnt unter der Last eines zentnerschweren Sackes

voller Gold, nicht wissend, welchen Reichtum er trägt.

Wie Menschenkinder in Familien leben und sich dennoch

einsam und verlassen fühlen.

Vielleicht muss man nur auf Dich bauen,

um zur Erkenntnis zu gelangen.

So ist es

Imagination

Er spürt,

dass die Welt anders ist,

anders als er die ganze Zeit gedacht hat.

Du wundersames Du

Oft befindet sich mein Leben

in den Fängen bedeutungsloser Stunden,

dann weine ich in Anbetracht meiner Untätigkeit.

Erst wenn ich Deine Energie spüre,

springt eine Knospe in mir auf

und ihre Blüte macht mein Leben schön.

Dann entdecke ich Dich auch in den Baumkronen des Waldes,

den Bergspitzen des Gebirges, den Wellenkämmen des Meeres

und im Lachen eines Kindes.

Die wirkliche Welt ist eine andere als vom Ego gedacht.

Durch Dich erfahre ich,

dass meine Welt eine Welt der Gedanken ist

und Gedanken sind Energie.

Wenn ich so bin wie Du,

dann besteht das Universum auch nur aus Energie.

So ist es

Marsch durch die Instanzen

Um Erfüllung in seinem Leben zu finden
verlässt er ausgetretene Pfade.

Du wundersames Du

Mitten im Erdenlauf, im Lauf der Dinge, erblickte ich

bei meiner Geburt erstmals das Licht der Welt.

Meine Welt war die Brust und das Gesicht meiner Mutter

und es war eine schöne Welt.

Als ich sechs Wochen alt war, schenkte ich ihr als Dank mein Lächeln.

Ich bevorzugte alles Schwarze und Weiße,

denn diese Farben konnte ich gut unterscheiden.

Heute sehe ich immer noch vieles in diesen Farben.

Wenn ich weinte, dann war ich so wie alle Babys,

es flossen keine Tränen, die kamen erst später.

Nach einem Jahr war ich ein Kleinkind und sprach meine ersten,

wenigen Worte zu den Menschen. Welche? Ich weiß es nicht mehr.

Heute weiß ich, wie wichtig es ist, die richtigen Worte zu wählen.

Von da an ging es ganz schnell und ich unternahm

meine ersten Schritte und wollte in die Welt laufen.

Da setzten sie mich in einen Laufstall. Erst jetzt, als reifer Mann,

schaffe ich es, ihn zu verlassen. Du öffnetest mir die Tür und ich

bewege mich nun in einer Welt, in der vieles anders ist als man

mir predigte und in der ich Dir in jedem Augenblick begegne.

So ist es

Sexualität

Er muss einen steinigen Weg gehen,
um zu verstehen,
dass seine Sexualität ein Teil von ihm ist,
der zu ihm gehört.

Du wundersames Du

Alles was Du gemacht hast ist gut, auch die Sexualität.
Sie ist Dein Geschenk, das eruptivste Produkt Deiner Schöpfung.
Erlebe ich sie in Liebe mit einer Frau, erfahre ich die
beglückende Vereinigung mit Dir. Doch alles, was Du geschaffen hast,
hat zwei Seiten. Sexualität hat mit Zärtlichkeit ebenso zu tun wie mit
Seelenschmerz. Gelingt sie, ist sie das Schönste, misslingt sie, ist sie
das Grausamste. Der Sexualtrieb ist ein Lebenstrieb, wird er in den
Schatten gestellt, lebt er ein kümmerliches Dasein,
ständig darauf bedacht, doch zum Zuge zu kommen.
Sein ungehemmtes Ausleben führt zu Leid, Eifersucht, Lügen, Betrug,
Abhängigkeit und unerträgliche Scham.
So bewerten wir nur zu leicht dieses urmenschliche Bedürfnis
als Sünde, spüren Unfreiheit, haben ständig ein schlechtes Gewissen,
fühlen uns kontrolliert und gedemütigt.
Schlussendlich prägt sie das Sündenbewusstsein von uns Menschen.
Dennoch ist sie eine lebenslange Begleiterin, von der ich mich selbst
an einer Klosterpforte nicht verabschieden könnte. Und so danke ich
für das Leben mit all seinem Schmerz, seinem Leid und seiner Tragik
und danke für meine Sexualität mit all ihrem Leid und auch mit all
ihrer Kraft zum spirituellen Wachsen, Reichtum und Segen.

So ist es

Erde

Er ist seit Kindesbeinen mit der Natur verbunden

und trotzdem ist er heute erschüttert,

wieviel auch er

zum Weh der Erde beigetragen hat.

Du wundersames Du

Wir sind Teil eines wunderbaren Lebewesens,
welches wir Erde nennen.
Als ich ein Jahr alt war, berichtete ein russischer Kosmonaut
als erster Mensch, wie wunderschön sie ist.
Er gab ihr den Namen Blauer Planet.
Du ließest Dir fast fünf Milliarden Jahre Zeit,
nachdem Du sie erschaffen hattest,
uns Menschen diesen Augenblick zu gewähren.
Sie trägt die Meere, die Berge und seit fast
vier Milliarden Jahren trägt sie weiteres Leben.
Die Erde ist eine große Seele, ein großes Bewusstsein
und hat schon viel mehr gelitten,
als wir Menschen jemals alle zusammen.
Die Erde will uns nicht schaden, sie liebt uns. Sie hat für alles,
was auf ihr geschieht, das letzte Wort.
Ich weiß nicht, wann der Tag kam,
als die Menschen anfingen sie zu treten.
Geliebte Erde, vergib mir, dass auch ich so undankbar bin
und Dich trete, seitdem ich ein Großer bin.
Heute verneige ich mich in Demut vor Deinem Werk.

So ist es

Wahrheit

Er begibt sich auf eine Gratwanderung,

als er die Frage untersucht,

ob es grundsätzlich gut ist,

strikt bei der Wahrheit zu bleiben.

Die Erfahrung lehrte ihn,

in Beziehungsfragen besser zu schweigen.

Du wundersames Du

mit Deiner von mir geliebten Erde, meinem kleinen Planet,

auf dem so viel gelogen wird.

„Es geht mir gut, danke", und so lüge auch ich weiter.

Tag für Tag und auf verschiedene Weisen,

um mir und den anderen das Leben leichter zu machen.

Nach und nach summieren sich all diese Freundlichkeitslügen,

die das Leben für mich leichter machen,

zur Lebenslüge, die mein Leben nicht mehr nur angenehm,

sondern oft beschwerlich macht.

Jetzt will ich Klartext reden und nur dann schweigen,

wenn ich mit meinen Worten ein Herz bewusst verletze.

So ist es

Liebe

Ist die Liebe zwischen Partnern eine Illusion?

Er hat bis heute keine Antwort darauf gefunden,

aber seinen Weg, mit dieser Ungewissheit umzugehen.

Du wundersames Du

In dem Wort „Ich mag Dich leiden" wird für mich deutlich,

dass es Liebe nicht ohne Leiden gibt.

Die, die ich liebte, blieb ein unerreichbarer Stern.

Die Liebe immer tief in mir eine verborgene Tragödie.

Aber meine Seele ist beim Ertragen des Schmerzes schaffend.

So schaffe ich es, anderen Menschen von Liebesglück

und Liebesweh zu erzählen.

Die Tränen, die dann bei einigen von ihnen fließen,

sind es Tränen des Glücks oder des Schmerzes?

Das weißt nur Du.

So ist es

Kreislauf

Er nimmt vieles bewusst wahr,

so auch die Nahrung,

die er zu sich nimmt.

Du wundersames Du

Wenn ich manchmal Fleisch esse, denke ich an das Tier,

welches Du erschaffen hast, so wie Du mich erschaffen hast

und das sterben musste, um meinen Appetit auf Fleisch zu stillen.

Dann bitte ich es um Verzeihung, dass es dafür getötet wurde.

Ich sage zu ihm: Jetzt esse ich Dein Fleisch,

um für heute satt zu werden.

Aber irgendwann werde ich sterben,

mein Körper wird zu Erde und darauf wächst Gras.

Dann werden Deine Kinder dieses Gras fressen

und von mir leben.

So schließt sich der Kreislauf des Lebens

und das gibt mir ein gutes Gefühl.

So ist es

Egoismus

Es erfüllt ihn mit Befriedigung,

als er an sich wahrnimmt,

dass ihm weltlicher Besitz immer weniger bedeutet.

Du wundersames Du

Warum dachte ich so lange egoistisch

und war materiellen Dingen verhaftet?

Doch nur, weil ich die Weite der Welt

nicht wirklich zu Kenntnis nehmen konnte.

Als ich meine eigene Winzigkeit in Bezug zu ihrer Größe erkannte,

wurde ich einsichtiger.

Damit nicht genug teilen wir Menschen uns den Erdboden

in Grundbesitz auf, einer Einteilung von der die Tiere nichts wissen.

Sie teilen sich die Erde in Reviere auf,

einer Einteilung von der wir nichts wissen.

Wieviel Aufteilungen des Weltkörpers mag es noch geben?

Der Eigentümer unseres Globus aber bist doch Du!

Wir horten zu Lebzeiten Dinge und gehen irgendwann von

dieser Welt, ohne etwas davon mitzunehmen, wozu auch?

Das leise Reifen meines inneren Lebens hat mich behutsam mit

den Jahren zu diesen und vielen weiteren Erkenntnissen geführt.

Jetzt fühle ich Freiheit je weniger ich besitze.

So ist es

Falsche Vorstellung

Er ist sein Leben lang sorgsam mit seinem Köper umgegangen
und hat ihn als Geschenk betrachtet.

Bis heute leistet er ihm gute Dienste.

Du wundersames Du

Was ist mein Körper, den Du mir geschenkt hast?

Sieben Eimer Wasser, das Eisen eines vierzig Zentimeter

langen Nagels, der Phosphor von eintausendeinhundert

Streichhölzern und die Kohle, die in sechs Bleistiften enthalten ist.

Es fehlen noch einige Zutaten und fertig ist mein Körper.

Darauf steht ein bestimmtes Rückrufdatum,

es wurde von Dir eigenhändig drauf geschrieben.

Und dennoch ist er nur träge Materie. Die Seele in mir,

in der Du auch zuhause bist, das ist das Leben.

Mein Körper ist mein zimperlicher, empfindsamer Freund

und zum Ausführen guter Taten da.

Wenn ich mehrere gute Taten vollbringe,

erfüllt mich irgendwann ein gutes Gefühl.

Wenn ich auf diese Weise Frieden in meiner Seele gefunden habe,

empfängt mein Körper die Botschaft von Dir,

weiter zu leben.

So ist es

Opferrolle

Ihn fasziniert die wissenschaftliche Erforschung des Mikrokosmos.

Die Vorstellung, eine Welle zu sein,

relativiert die profanen Erschwernisse,

Versuchungen und Entbehrungen in seinem Alltag.

Du wundersames Du

Eine Reihe von Lebewesen sind Opfer eines Sinnesorgans.

Wie der Fisch, der vom Geruch des Köders angelockt wird

und ihn dann verschluckt.

Auch ich stehe im Bann – sogar aller fünf Sinnesorgane –

und bin deshalb noch verletzlicher als der Fisch.

In uns beiden, dem Fisch und mir,

wohnt ein unstillbares Verlangen nach Leben

und wir fühlen uns beide den Wellen des Meeres verbunden.

Weiß etwas in mir,

dass ich selbst eine elektromagnetische Welle bin?

Ich komme aus dem Geist und kehre dahin zurück.

Dazwischen bin ich Schwingung, intelligente, abstoßende

und anziehende Schwingung.

Meine Intelligenz werde ich von nun an besser nutzen,

um mich nicht mehr so einfach von den

mir angebotenen Ködern anziehen zu lassen.

Das unterscheidet mich vom Fisch.

So ist es

Tränenstreik

Er kann nicht weinen,
als er sich nach langem Zaudern
von seiner Freundin trennt.

Du wundersames Du

Ich habe schon so viel geweint in meinem Leben.

Tränen waren der Treibstoff für meine Entwicklung,

sie haben mich zu dem gemacht, was ich heute bin.

Jetzt stehe ich an einem Punkt in meinem langen Leben,

vor dem mir schaudert. Schaudert vor Bangheit

und schaudert vor Erwartung.

Die Trennung war schmerzlich, doch Du warst an meiner Seite.

Auf dem Weg zu neuen Ufern spüre ich

Dich weiterhin an meiner Seite.

Dass mir die Tränen verwehrt bleiben,

werte ich als Botschaft der Zuversicht von Dir.

So ist es

Schade

Vieles, was in seinem Leben geschieht, ist bedauerlich,

aber er lässt den Kopf nicht hängen

und findet den Weg zum Erfülltsein.

Du wundersames Du

Wenn ein Mensch in die Welt gesetzt wird, weil es sich gehört,

dass zu einer Familie Kinder gehören: Schade.

Wenn ein Junge oder Mädchen die Zeit versäumt,

das andere Geschlecht zu entdecken: Schade.

Wenn Kinder ihren Vater und ihre Mutter lieben

aber vor deren Selbstverwirklichung beschämt

die Augen verschließen: Schade.

Wenn ein Mensch, nur getrieben von Pflichtbewusstsein

und Angst, beruflich erfolgreich wird: Schade.

Wenn zwei gereifte Menschen sich lieben und sich trotzdem trennen,

weil sie ihre alten Leben nicht überwinden können: Schade.

Wenn ich über all das schier verzweifeln könnte,

aber durch das Nachdenken darüber den Weg zu Dir finde:

Welch eine Erfüllung!

So ist es

Softwareproblem

Schlechte Gewohnheiten sind schädlich für seine Gesundheit,

seine Moral und seinen inneren Frieden.

Das veranlasst ihn zu handeln.

Du wundersames Du

Du hast mir die Erkenntnis offenbart,

dass der Ursprung meines Leids

in der Programmierung meines Geistes liegt.

Mein Geist erzeugt dann Leid,

wenn ich etwas Gewohntes will, es nicht bekomme

und so mein Verlangen unbefriedigt bleibt.

Als ich das erkannte, war es der erste Schritt,

mich davon zu befreien.

Mein Gehirn verändert sich dauernd

durch die persönlichen Erfahrungen, die ich mache.

Jetzt ist es der zweite Schritt,

verstärkt dafür zu sorgen,

dass diese Erfahrungen überwiegend positiv sind.

So ist es

Zeuge

Lebensweisheiten begegnet er mit Respekt,

haben sie sich doch allzu oft bewahrheitet

und sein Leben beeinflusst.

Du wundersames Du

„Was lange währt, wird endlich gut" oder

„Es kommt so wie es kommen soll".

Diese Lebensweisheiten sind mir schon lange vertraut.

Was später kam, fühlte ich immer lange Zeit voraus in mir

und hielt trotzdem stur am Gewohnten fest.

Hielt unter dem Schirm der Liebe

und von Verantwortungsbewusstsein lange,

zu lange daran fest.

Viele Nächte durchdachte

und durchwachte ich deswegen schweißgebadet.

Dabei wurde ich nass,

nass bis auf die Knochen.

Das Ausmaß kennst nur Du, denn in diesen Stunden

war ich in Gedanken mit Dir vereint.

Ich bitte Dich nicht in den Zeugenstand,

um anderen davon zu berichten – Schweigen ist Gold.

Auch so eine Lebensweisheit.

So ist es

Ohne Worte

Es gibt nichts Verletzenderes als Worte,

unverstandene Worte zur falschen Zeit ausgesprochen.

Manches sagt er daher besser nie.

Du wundersames Du

Vieles was ich erlebte ist unsagbar,

bleibt mein Geheimnis mit Dir.

Würde ich mit vertrauten Menschen darüber sprechen,

kämen mehr oder minder schmerzliche Missverständnisse heraus.

Manches ist einfach nicht so sagbar,

wie man es gerne möchte – schwerlich auszuhalten.

So ist es

Schicksal

Alles hat seinen Sinn

und hat ihn zu dem gemacht,

was er heute ist.

Du wundersames Du

Nichts, was ich erlebte war unbedeutend

und selbst das Kleinste hat mein Schicksal mitgestaltet.

Ein Mosaikstein von einer liebevollen, gütigen Hand,

sanft in das Gesamtkunstwerk meines Lebens eingefügt.

So wurde ich immer irgendwie vollkommener,

klarer im Erkennen, tiefer im Glauben an mich selbst

und weiser im Leben.

So ist es

Mannes–Liebe

Er beschäftigt sich viel mit dem Thema Liebe,

stößt aber immer wieder

in der Umsetzung an seine Grenzen.

Du wundersames Du

Habe ich bisher nur als Mensch geliebt

und nicht als Mann?

Warum ist Mannesliebe rastlos, geräuschvoll und befristet?

Menschenliebe ist nicht geprägt von Leidenschaft und Zeit!

Warum gelingt es mir nicht besser,

beide Formen zu vereinen,

liegen sie doch einer gleichen Sehnsucht und Seligkeit zugrunde?

Sei´s drum.

Was mir kein Liebespartner schenken kann,

ist die unteilbare Wahrnehmung von der Glückseligkeit des Sclbst.

So ist es

Bester Freund

Es schlägt und schlägt für ihn

und lässt ihn nicht im Stich – sein Herz.

Du wundersames Du

Ich habe mir mein Herz zu meinem besten Freund gemacht.

Immer wenn ich es fühle, bin ich ganz bei mir

und die ständig quälenden Gedanken werden unterbrochen.

Im Herzen finde ich immer, was ich gerade suche.

Gefühlte Antworten auf meine augenblicklichen Fragen.

Wenn ich dann entspannt und glücklich bin,

freut es sich über mein Mitgefühl mit mir selbst.

So ist es

Persönliches Drama

Nichts ist in Stein gemeißelt,

auch nicht die Dogmen, die ihn prägen.

Du wundersames Du

In den dunklen Momenten in meinem Leben
fühle ich mich schwach und klein.
Was auch immer ich dann denke, glaube ich
in gewisser Weise nicht selbst zu denken.
Ich befürchte nämlich,
die Welt nicht mit eigenen Augen zu sehen,
sondern aus den Augen meiner Eltern und all der Menschen,
die mein Großwerden geprägt haben.
In meiner Familie waren viele Sportler,
sie gaben das Staffelholz ihrer Prinzipien
zuverlässig an die nächste Generation weiter.
Da hast Du mir Deinen Segen geschickt,
um mit dieser Endlosschleife aufzuhören
und selbst zum Segen für mich zu werden.

So ist es

Glücksfall

Er kommt an einem Punkt in seinem Leben,

wo er die Selbstliebe über alles stellt.

Du wundersames Du

Mein Leben lang fiel es mir sehr schwer loszulassen, zuzulassen
oder einfach nur sein zulassen, insbesondere gegenüber Menschen.
Ich dachte, ich kann doch nicht einfach eine Freundin,
eine Partnerin oder einen mir sonst liebgewonnenen Menschen
verlassen, obwohl ich merkte, dass wir nicht zusammenpassten,
der Einfluss mir schadete und ich sogar fürchtete,
davon krank zu werden.
Gefühle, das Bedürfnis Beschützer zu sein, schlechtes Gewissen
und viele andere Abhängigkeiten hielten mich fest.
Von Dir lernte ich, dass Liebe mir nicht weh tun und schaden darf,
denn dann ist sie nicht auf Liebe begründet, sondern auf egoistische,
besitzergreifende oder abhängigkeitsgeprägte Motive.
So fand ich die Kraft, mich aus Liebe für mich, mein Wohlergehen
und meine Gesundheit zu entscheiden und loszulassen.
Seitdem bis Du meine emotionale Heimat.
Die mir nahestehenden Menschen kann ich heute immer noch
ehren und lieben, obwohl ich sie einst losgelassen habe.

So ist es

Lebensmeister

Mit zunehmender persönlicher Reife

sieht er die Dinge gelassener

und als Teil eines großen Ganzen.

Du wundersames Du

Aus mir ist in den letzten Jahren ein Lebensmeister geworden.

Meine Fähigkeit besteht darin, zu erkennen,

dass es in der Welt da draußen keine Probleme gibt,

sondern nur Geschehnisse und Sachverhalte.

Diese Dinge sind nicht nach Gut und Böse zu beurteilen,

sondern emotionslos anzunehmen und auf Deine Allwissenheit

und Allmacht dahinter zu vertrauen.

Es gibt nichts Schlechtes, nur die Information, die dahintersteht,

ist noch nicht begriffen worden.

So bekam ich den notwendigen Abstand zu dem,

was mir nicht gut tat. Persönlich belastenden Problemen konnte

ich oftmals erfolgreich mit einem Perspektivwechsel begegnen.

Heute kann ich im Vertrauen auf Dich Dinge sich fügen

und geschehen lassen, ohne gleich eingreifen

und agieren zu müssen.

So ist es

Höflichkeitsfloskel

Zufriedenheit ist für ihn nicht nur eine Phrase,
sondern sein überwiegender Gemützustand.

Du wundersames Du

Fragt mich ein Mensch, wie es mir geht, antworte ich:

„Ich bin zufrieden", und mache ein zufriedenes Gesicht.

Jeder belastende Gedanke, jedes pessimistische Gespräch

oder Gefühl würde mich Energie kosten und mich schwächen.

Das will ich nicht und gehe dem aus dem Weg,

da ich wirklich zufrieden bin. Zufrieden darüber,

frei zu sein und die verborgenen

und schönen Seiten des Lebens weiter aufzuspüren.

So ist es

Fütterung

Mit den Gedanken
erschafft sich der Mensch seine Welt,
auch er.

Mein WuDu

Mein bisheriges Leben ist das Resultat

meiner guten und schlechten Gedanken.

Es wurde geschaffen aus den Prägungen meiner Vorfahren

und den gelebten Erfahrungen meiner eigenen Vergangenheit.

Jetzt will ich meine Zukunft planen.

In einem Ratgeber habe ich gelesen, dass ich dazu

meine Gedanken positiv verändern muss,

denn dann können sich mein Leben, mein Schicksal

und meine Zukunft in diese Richtung verändern.

Von Dir fühle ich dazu Unterstützung.

Du gibst mir die emotionale Nahrung,

die mein Unterbewusstsein braucht,

um meine Gedanken in segensreiche Wünsche umzuwandeln.

So ist es

Schulbank

Er ist immer wieder selbst erstaunt über seine Wissbegierde

und über seinen Drang,

hinter den Horizont blicken zu wollen.

Mein WuDu

Ich war immer ein Schüler und je älter ich werde,

desto intensiver ist die Wahrnehmung Schüler zu sein.

Zuletzt lernte ich, dass das Jetzt mein gesamtes Leben umfasst

und so nehme ich die Zeit heute in einer anderen Dimension wahr.

Jetzt bin ich in meinem letzten Schuljahr.

Darin schwimme ich als Fisch durchs Leben

und schnappe nach Weisheit, um meine Seele zu nähren.

Weisheit kann mich niemand lehren,

ich kann sie nur aufschnappen und verinnerlichen.

Wenn ich meinen Kopf aus meinem Element herausstrecke,

dann geschieht das einfach.

Bald werde ich von der Schulpflicht befreit

und mein Abschluss wird mir einen Platz bei Dir sichern.

So ist es

Neugierde

Solange er viele Fragen hat und feststellt,

wie wenig er weiß,

ist das Leben nie langweilig für ihn.

Mein WuDu

Was wäre, wenn auch Du noch lernst

und selbst nicht weißt, wohin meine Reise geht,

weil Du mich mit einem freien Willen ausgestattet hast

und somit auch für Dich alles unberechenbar bleibt?

Wenn es ein Abenteuer ist, was Du mit mir

und mit uns Menschen machst? Ein einzigartiges Experiment?

Oder ist mein freier Wille eine Illusion,

mein Drehbuch von Dir schon lange geschrieben

und ich lebe es nach Deinen Vorgaben ab?

Ich werde vermutlich nie ergründen können,

was die Wirklichkeit ist.

Aber vielleicht sind wir beide ja einfach nur neugierig?

So ist es

Experimentator

Er ist erstaunt darüber,

welche spirituellen Erkenntnisse sich für ihn

aus der Quantenphysik/-mechanik ergeben.

Mein WuDu

Ich mache mir die Entdeckung

eines Nobelpreisträgers für Physik zunutze.

Bei den Versuchen mein Leben zu gestalten,

tritt genau das Ergebnis ein, woran ich vorher glaubte.

Ich bin kein Träumer, ich habe oft das gefunden,

was ich finden wollte.

Was ich noch an unentdeckten Fähigkeiten in mir habe,

um damit Einfluss auf mein Leben zu nehmen,

das wird sich mir auch noch Schritt für Schritt offenbaren.

Mit allem verbunden, Teil des Ganzen zu sein,

das habe ich schon verstanden. Das beeinflusst heute

mein Verhalten. Ich kann niemandem Freude bringen,

ohne mir selbst Freude zu bringen.

Die Verschränkung mit Dir jedoch ist meine größte Freude.

So ist es

Password

Er ist gläubig und trotzdem

oder vielleicht gerade deswegen

entwickelt er seine eigene Religion.

Mein WuDu

Es ist mir sehr gut gelungen, mich damit zu identifizieren,

ein Teil von Dir zu sein, ohne dabei an Schuld und Sühne

glauben zu müssen, so wie man in den Kirchen predigt.

Zu sündigen ist kein Verbrechen,

wenn ich aus den Geschehnissen lerne.

Ich bin glücklich, in einer Zeit des Individualismus zu leben,

wo ich die Religion im herkömmlichen Sinne nicht mehr brauche,

sondern mit meiner Achtsamkeit und meinem Bewusstsein

meinen Weg zu Dir finden kann.

Das Password für den Zugang zu Deinem Reich

ist die bedingungslose Liebe zu mir selbst und zu meinen Nächsten.

So ist es

Vergesslichkeit

Das, was für ihn im Leben wirklich wichtig ist,

vergisst er nicht.

Mein WuDu

Warum ich auf diese Welt gekommen bin

und diese Eltern gewählt habe – vergessen.

Ob ich jemals mit meinen Geschwistern gespielt habe – vergessen.

Wie mein erster Schultag gewesen ist – vergessen.

Wann ich das erste Mal ein Mädchen geküsst habe – vergessen.

Wie ich mich als 17-jähriger in Uniform gefühlt habe – vergessen.

Dafür werde ich als 71-jähriger noch die kindliche Freude

in mir spüren, als mir meine Oma – die Bibel unterm Arm –

Christusbildchen und Heftchen mit Geschichten

vom Heiland schenkte.

So ist es

Fragezeichen

Er weiß inzwischen,

dass er nichts weiß

und das ist gut so.

Mein WuDu

Du hast mir meinen Verstand geschenkt,

um die Welt nicht nur in ihrer Schönheit zu erfassen.

Wenn ich die andere Seite sehe, schmerzt es meine Seele,

und doch sagt mir mein Verstand, es ist richtig so.

Da wo Licht ist, muss es auch Schatten geben.

Es fällt mir oft nicht leicht, das zu akzeptieren,

vor allem dann, wenn es um das Wohl mir Nahestehender geht.

Da hast Du mir die Einsicht gewährt,

dass ich ein Produkt aus meinen Genen und meinem Umfeld

mit den damit einhergchenden Erfahrungen bin.

Entsprechend sehe ich die Welt.

Jetzt bin ich ratlos und verwirrt, wie sieht die Welt wirklich aus?

Da schenkst Du mir das Gefühl,

dass es weitaus besser für mich ist,

Fragen ohne Antworten zu haben als Antworten,

die ich nicht verstehe.

So ist es

Zeitenspiel

Vergangenheit, Gegenwart und Zukunft
haben ihre eigenen Spielregeln in seinem Leben.

Mein WuDu

Panta Rhei – Alles fließt,

meine Gedanken, mein Blut und meine Gefühle.

Die Zeit zerrinnt mir zwischen den Fingern

und ich schaffe es nicht, sie festzuhalten.

Das Jetzt ist auch schon wieder entschwunden.

Strecke ich die Arme aus, um das Morgen zu erreichen,

sind sie zu kurz.

Nur das Gestern umfasst mich, ohne dass ich etwas dafür tun muss.

Das, was mein Leben geprägt und mich zu dem gemacht hat,

was ich heute bin, ist zeitlos mit mir verschränkt

und bricht manchmal so stark in mir auf,

dass ich beide Arme brauche,

um mich an Dir haltsuchend zu klammern.

So ist es

Beziehungsfragen

Wann hat er sich einmal nicht mit Beziehungsfragen herumgeschlagen?

Solange, bis er verstanden hat,

was wahre Liebe ist.

Mein WuDu

Wenn die Liebe zwischen ihr und mir gar keine Liebe,

sondern nur Beziehung ist, weil sie einen Anfang und ein Ende hat?

Wenn die wahre Liebe gar keinen Anfang und kein Ende kennt?

Wenn die Beziehung zwischen ihr und mir darauf begründet ist,

dass wir uns mit erfülltem Sex aneinanderbinden?

Wozu brauche ich dann noch die Liebe?

Aber warum frage ich, ich weiß es doch!

Meine Liebe gebührt Dir. Sie existiert in mir bereits

vor meiner Geburt und überdauert meinen Tod,

denn sie ist unvergänglich und trägt mich zu Lebzeiten

im Strom der Zufriedenheit.

So ist es

Ansteckungsgefahr

Ihm ist nicht egal,

mit wem er seine Zeit verbringt.

Mein WuDu

Wenn ich mich zu oft mit Menschen umgebe,

deren Welt der Zweifel und die Ignoranz ist,

fühle ich nicht selten Verärgerung in mir aufsteigen.

Manchmal werde ich auch nur verunsichert

und befürchte, meine Zufriedenheit zu verlieren.

Da sowohl Zweifel als auch Freude ansteckend sind,

umgebe ich mich lieber mit Menschen,

die mit Deiner Freude erfüllt sind

oder sich so wie ich bemühen, sie zu erlangen.

So ist es

Bettgeschichte

Das Bett ist für ihn ein wichtiger Ort.

Wie könnte es auch anders sein,

verbringt er doch sein halbes Leben darin.

Mein WuDu

Wenn ich genug Zeit in meinem Bett verbringe,

weiß ich, wozu ich mein Bett alles nutzen kann.

Die Möglichkeiten unterscheiden sich darin,

ob ich alleine oder zu zweit darin liege.

Liege ich dort zu zweit gibt es drei Möglichkeiten.

Die beiden Körper werden von der Lust

oder der partnerschaftlichen Liebe

oder beidem zusammen regiert.

Liege ich alleine, gibt es nur eine Möglichkeit.

Meine Seele gebietet über meinen Körper.

In beiden Fällen gilt: Das Bett ist der beste Ort für Erfüllung.

So ist es

Nebelfahrt

„Ich will" hat er aus seinen Sprachschatz entfernt,

„Ich danke" fühlt sich viel besser an.

Mein WuDu

Wenn der Nebel die Straße verhüllt, habe ich Angst,

von der Fahrbahn abzukommen.

Auch der Weg, der zu Dir führt, blieb mir durch den Schleier

der Täuschung lange Zeit verhüllt.

Ich landete nicht selten im Graben der Unzufriedenheit

mit meinen weltlichen Wünschen.

Ich wurde weiser als ich bemerkte,

dass ich nicht erschaffen worden bin,

weil es ein Wunsch von mir war,

sondern auf Deine Veranlassung hin.

Dass das, was für mein Leben wichtig ist,

gleichfalls auf Deine Veranlassung hin geschieht.

Jetzt habe ich mich dem gefügt und aufgehört,

mir Weltliches zu wünschen.

Die Nebel und Schleier verflüchtigen sich.

So ist es

Zeitverzögerung

Er lernt, dass schmerzliche Erfahrungen
sich in der Folge zu etwas Gutem fügen.

Mein WuDu

Solange ich mich nicht wandelte und anfing,

nach innerer Harmonie zu streben, identifizierte ich mich

mit den mir keine Erfüllung bringenden körperlichen Sinnenfreuden.

Die ungetrübte Glückseligkeit meines Inneren aus Kindheitstagen

war mir als Großer schon früh abhandengekommen.

So blieben mir die Befriedigungen eines ausgeglichenen,

erfüllten Lebens in dieser Welt lange verwehrt.

Eines Tages saß ich, Sinnenfreuden folgend,

zwischen zwei Stühlen und fiel auf den Boden.

Es tat sehr weh.

Ich habe in meinem Leben viel seelischen Schmerz

durch Fallen erfahren und ertragen.

Als es mir gelang, den Grund meines Leides zu erkennen

und zu entdecken, was Leid wirklich ist,

habe ich mehr über den Sinn des Lebens

und meine eigene Persönlichkeit erfahren.

Der Beginn meiner Wandlung.

So ist es

Entscheidungsfreude

Der freie Wille erscheint ihm zuweilen als Segen

und dann wieder als Fluch.

Steht eine Entscheidung aber für etwas Gutes,

ist es immer erfüllend.

Mein WuDu

Du hast mich mit einem freien Willen ausgestattet,

damit ich lerne, die richtige Wahl zu treffen.

Ich weiß, dass ich nur wählen kann,

wenn ich mich vorher mit den verschiedenen

Handlungsmöglichkeiten auseinandergesetzt habe.

Jetzt habe ich mich entschieden, weise zu werden

und Nächstenliebe, Achtsamkeit und Demut vorzuleben,

denn das, was andere Menschen als Vorbild wahrnehmen, färbt ab.

Das ist gut so.

Diese Vorstellung ist schön und wenn sich etwas schön anfühlt,

erfüllt es mich.

Auf diese Weise bin ich Dir wieder ein Stück näher gerückt.

So ist es

Unvernunft

Leben will gelebt sein.

Er scheut daher nicht davor zurück,

seiner Intuition folgend ausgetretene Pfade zu verlassen.

Mein WuDu

Das Geheimnis des Lebens habe ich nicht deswegen verstanden,

weil ich viele Bücher gelehrter Menschen gelesen habe.

Ein großer Teil dieser Menschen lebt nicht im Leben,

sondern betrachtet es nur von außen.

Nein, ich habe Dinge einfach getan und dabei war die Vernunft

nicht immer das geeignetste Instrument,

um in die Geheimnisse des Seins einzudringen.

Heute gebe ich nichts mehr auf Meinungen,

die ohne eigene Erfahrungen entstanden sind.

Ich habe als Individuum mit meinen Gefühlen

das beste Messwerkzeug, es gibt nichts Genaueres.

Du hast sie geeicht.

So ist es

Gehirnjogging

Das Leben hat ihn gelehrt,

zunehmend Dinge zu hinterfragen

und sich manchmal genau

das krasse Gegenteil dessen vorzustellen,

was zu sein scheint.

Mein WuDu

Das Rattern in meinem Kopf ist der Widerhall

einer entzauberten Welt, in der ich lebe.

Was ist, wenn alles anders ist als ich mir bislang vorstellte?

Wenn mein Weg darin bestehen sollte,

mich in meinem Innersten danach zu sehnen,

so begrenzt wie Du zu sein? Unvorstellbar?

Oder wenn Du nur ein Konstrukt meiner Vorstellung

von idealer Menschlichkeit bist? Unvorstellbar?

Die Bäume in den Wäldern tun mir gut,

so wie die Kühe und Schafe auf den Weiden.

Was ist, wenn ich sie eines Tages als gesegnet verehren muss,

nämlich dann, wenn es für mich geboten sein wird,

weiteratmen, weiterleben zu dürfen?

Unvorstellbar?

Die Grenzen meiner Welt sind die Grenzen meiner

Vorstellungskraft.

In meinem Glauben spüre ich die Ahnung,

dass es unter Deiner Regie gut ist, wie es ist

und dass es so kommt, wie es kommen soll.

Das Rattern in meinem Kopf wird leiser.

So ist es

Alien

Er wird selten wütend

und ärgert sich über sich selbst am meisten,

wenn es doch einmal geschieht.

Mein WuDu

Ich empöre mich nicht gerne,

das macht mir kein so gutes Gefühl.

Ich erzähl auch nicht gern Klatsch,

um so mit einem Wissensvorsprung interessant zu wirken.

In mir ist Liebe und Zufriedenheit leichter zu erzeugen

als Wut, die ihre Wurzeln in der großen Kränkung

des Menschen darüber hat, sterblich zu sein.

Wie könnte ich deswegen wütend sein,

wo ich mich doch schon heute darauf freue,

nach meinem körperlichen Tod mit meiner Seele

den mir zugedachten Platz an Deiner Seite einzunehmen.

So ist es

Notwendigkeit

Der Glaube hat nicht nur etwas mit Religion zu tun,

im Alltag ist er sein ständiger

und unentbehrlicher Begleiter.

Mein WuDu

Ich muss pausenlos etwas glauben,

um mich im Alltag zurechtzufinden.

Ich muss viel mehr glauben, als ich wissen kann.

Ich könnte mich gar nicht in dieser Welt orientieren,

wenn ich mich nur auf die Dinge verließe, die ich sicher weiß.

Warum habe ich dann so ein großes Interesse an der Wahrheit?

Reicht es nicht aus, dass ich weiß, wie ich satt werde,

meine Rolle unter den Mitmenschen finde,

mit ihnen klar komme und die Frau erobere,

in die ich mich verliebt habe?

Brauche ich für mein tägliches Leben die Wahrheit,

oder muss es einfach nur funktionieren?

Geht es mir überhaupt darum,

die Objektivität der Welt zu erkennen?

Selbst mit Dir bin ich doch „nur" im Glauben verbunden.

So ist es

Lebenskünstler

Das gesamte Leben auf unserem Planeten

ist für ihn ein perfektes Werk und der Künstler,

der so etwas Großes geschaffen hat,

bleibt im Verborgenen.

Er selbst fühlt sich als Künstler,

der sein eigenes Leben gestalten kann.

Mein WuDu

Deine Geburt in meiner Seele war der Moment,

an dem ich Dich erstmals fühlte. Da war es für mich an der Zeit,

mich auf den Weg zu machen.

Wenn ich unterwegs gefragt werde,

was ich von Beruf bin – Lebenskünstler.

Wenn ich gefragt werde, was das ist – jemand,

der seine Lebenserfahrungen umsetzt.

Wenn dann die Nachfrage kommt, wie man das wird – viel erleben

und dann mutig sein.

Wenn man sich dann ungläubig abwendet und seiner Wege geht,

gehe ich weiter auf meinem Weg.

Alle Wege, wenn sie gut sind, führen zu Dir.

So ist es

Über sieben Brücken

Ihn zieht es immer wieder an Flussufer.

Dort bewundert er,

mit welcher Konsequenz und Kraft Wasser seinen Weg findet

und niemals umkehrt.

So wird Wasser sein Meister.

Mein WuDu

Von jeder der sechs Brücken, über die ich in meinem Leben ging,

bin ich in den aufgewühlten Fluss unter mir gesprungen,

weil ich meine Beziehung, die darin am Ertrinken war,

zu retten versuchte.

Die Brücken haben alle einen anderen Namen

und sind alle in verschiedenen Städten.

Jedes Mal riss mich die Strömung fort, Strudel im Wasser

zogen mich hinunter, hielten mich fest,

verwandelten mich und ließen mich wieder aufsteigen.

Ich wurde ans rettende Ufer geworfen

und Du schenktest mir die Welt ganz neu.

Jetzt stehe ich auf der siebten Brücke

und wieder ertönen Hilferufe unter mir.

Ich springe nicht und überquere die Brücke.

So ist es

Fressen und Gefressen werden

Er braucht Freiheit

wie die Luft zum Atmen.

Mein WuDu

Du lässt sie seit vielen hundert Millionen Jahren
auf unserer Erde krabbeln, viel länger als meine Vorfahren.
Sie durften sich als Lebensraum die Bäume und Wiesen,
Erdhöhlen, Felsenzwischenwände, den Wüstensand
und das Süßwasser erobern. Sie habe vier Augenpaare
und ihr Supersinn ist das Tasten. Sie koordinieren unfallfrei
acht Beine und riechen mit ihren daran befindlichen Geruchshaaren.
Nicht genug, beherrschen sie die Kunst, damit Netze zu bauen.
Ich bin ein Jäger und Gejagter in einem geistig grenzenlosen Raum.
Jetzt fühle ich mich in einem Spinnennetz eingewoben
und kann nicht machen und denken, was ich möchte
und gleichzeitig werden meine Zuckungen an die Spinne übermittelt.
Daraus muss ich mich mit Deiner Hilfe rasch befreien,
bevor sie mit ihren Sinnesorganen an den Beinen
die Vibrationen wahrnimmt und sich auf den Weg
zum Festmahl macht.
Ohne Freiheit bin ich tot.

So ist es

Andersrum

Um gütig zu werden bedarf es viel Lebenserfahrung.

Sein treues Herz wird nicht müde

dieses schöne Gefühl in ihm auszuschütten.

Mein WuDu

Warum werde ich die Gedanken nicht los,

dass alles anders ist als es ist?

Dass meine Geburt das Schwere und mein Tod das Leichte ist?

Dass meine Kindheit das Schöne

und mein Erwachsensein das Beschwerliche ist?

Dass ich nicht Brot und Wasser zum Überleben brauche,

sondern Liebe und Begegnung?

Dass ich das wirklich Wichtige im Leben nicht in den Medien,

sondern in mir selbst entdecke?

Dass mein Herz mit zunehmender Schlagdauer nicht müder,

sondern lebendiger wird, weil es die in mir wachsende Güte

in alle meine Zellen transportiert

und darüber unbeschreiblich glücklich ist.

So ist es

Sechsundsechzig Jahre

Sich Gehenlassen,

bis das Leben mit 66 Jahren anfängt

kommt für ihn nicht in Frage.

Auf unerwartete Weise fängt er an,

früher zu leben.

Mein WuDu

Mit sechsundsechzig Jahren da fängt das Leben an.

Ich konnte nicht solange warten, bis da mein Leben anfängt.

Ich wollte mich auch nicht darauf verlassen,

bis dahin noch zu leben.

Ich fand es schade, die ganze Zeit gar nicht gelebt zu haben.

Es erschien mir befremdlich, etwas so Wichtiges

solange aufzuschieben.

So fing ich an nachzudenken. Ich dachte nach,

und dachte nach und merkte nicht,

wie ich anfing zu leben.

Als ich es wahrnahm,

hatte ich sechsundsechzig Zettelchen beschrieben.

Die brauche ich jetzt nicht mehr, ich weiß,

meine Gedanken sind bei Dir angekommen.

So ist es

III. Nachwort

Ein kleines Erfolgsgeheimnis zum Schluss.

Es geht darum, die eigenen Reflexionen, dann, wenn sie einem in den Sinn kommen, mit der Hand aufzuschreiben. In einem schönen Notizbüchlein oder selbst auf Zettel, je nach Belieben und immer wieder darin zu stöbern. Völlig zwanglos, kein Auswendiglernen. Sich ein schriftliches Schatzkästchen schaffen, das nur Du selbst und die Wunderkraft kennen. Durch die Handschrift geht die Energie Deines Geistes auf natürliche Weise direkt über die Hand und den Stift in das geschriebene Wort und erstarrt, ohne elektronische Brücke.

So entsteht in Deinem Bewusstsein eine nicht mehr aufhebbare, nachhaltige Verschränkung zwischen Wort und Geist. Probiere es doch einfach aus, und du wirst vom Erfolg überrascht sein.

Und ich will Dir noch etwas anvertrauen. Nachdem ich mit dem Schreiben der 66 Reflexionen, die Du gelesen hast, fertig war, merkte ich, dass ich nicht mehr damit aufhören kann. Aber warum auch mit etwas aufhören, wenn es einen so erfüllt?